Wichtel Schabernack Ideen

Die magische Wichteltür

Sandra Pirl

ISBN: 9781674182223
ASIN: B082LVGDNZ

WIDMUNG

Dieses Buch möchte ich allen wundervollen Mamis und Papis dieser Welt widmen, die sich jeden Tag auf's Neue Gedanken machen, wie sie ihren Kindern ein wundervolles, buntes, liebevolles, kreatives und fantasievolles Leben bereiten können.

Dieser Dank gilt insbesondere meiner eigenen Mama, die sich stets "ein Bein ausgerissen" hat, damit es uns Kindern gut geht.

Danke Mama

INHALT

1	Einzug des Weihnachtswichtels	Seite 1
2	Vorwort von Jorik	Seite 3
3	Jetzt geht es los	Seite 5
4	Schabernack im Kinderzimmer	Seite 6
5	Schabernack in der Küche	Seite 11
6	Oh weh! Das Badezimmer!	Seite 17
7	Die warme Stube und der Tannenbaum	Seite 20
8	Auch nach draußen geht der Wichtel	Seite 24
9	Ganz allgemeine Ideen	Seite 27
10	Der Wichtel und das Zauberpulver	Seite 33
11	Für den Wichtel	Seite 35
12	Ein paar kurze Bastelideen	Seite 37
13	Nachwort	Seite 42

EINZUG DES WEIHNACHTSWICHTELS

Plötzlich liegen Nussschalen auf dem Boden! Woher kommen die bloß? Und das ganze Glitzer, das zu einer Wichteltür in der Wand führt? Offenbar hat sich ein Wichtel eingefunden und macht sich nun bemerkbar.

Wichtel, die kleinen Weihnachtshelfer, ziehen jedes Jahr erneut in unsere Häuser ein. Normalerweise sieht man sie gar nicht, aber wenn sie in ein Haus einziehen, dass ihnen besonders gut gefällt und die Bewohner lieb und freundlich sind, dann wollen sie es sich ganz gemütlich einrichten und freuen sich sehr, wenn ihre Menschen ihnen dabei helfen.

Am wichtigsten dabei ist natürlich ihre magische Wichteltür!
Nur wenn der Wichtel mit seinem Zauberstab den richtigen Spruch aufsagt, öffnet sich der Eingang zu dem Haus des Wichtels. Für uns bleibt alles, was hinter der Haustür liegt unsichtbar.
Auf gar keinen Fall dürfen Menschen versuchen die Wichteltür zu öffnen. Sie könnte sonst für immer verschlossen bleiben und der Wichtel käme nicht wieder.

Die Wichtel beschützen ihre Menschen und sind sehr fleißige Helfer, die zum Beispiel schon einmal den Frühstückstisch decken aber auch ab und an mit ihrem Schabernack ein bisschen Unsinn ins Haus bringen.

Die Kinder freut's – uns Erwachsene auch!

Hier geht es eben um genau diesen Schabernack, den der Wichtel anstellt. Denn weder Mama noch Papa würden einfach so Mehl auf der Arbeitsfläche verteilen oder etwas auf den Spiegel schmieren, oder?

Je mehr wir Erwachsene uns auf diese fantastische Geschichte einlassen und uns nichts anmerken lassen, umso mehr werden auch unsere Kinder in die Wichtelwelt eintauchen und diese in ihrer Fantasie vollends aufleben lassen.

Mit diesem Buch möchte ich Ihnen eine Reihe von Ideen an die Hand geben, welche kleinen Unfälle und welch Schabernack gemeinsam mit ihrem Weihnachtswichtel in ihr Haus einziehen könnten.

Ich wünsche Ihnen & Ihrer Familie eine geheimnisvolle, bunte und turbulente schöne Vorweihnachtszeit mit ihrem liebevollen und Schabernack treibenden Weihnachtswichtel.

Herzliche Grüße

Ihre
Sandra Pirl

VORWORT VON JORIK

Hallo!

Ich heiße Jorik Pirblinson, bin 173 Jahre alt und komme ursprünglich aus Schweden.

In den letzten Jahren bin ich recht viel unterwegs und darf als Weihnachtshelfer viele liebe Familien kennen lernen und sie in der Vorweihnachtszeit ein bisschen unterstützen.

Meine Hobbies sind Geschenke einpacken, stricken, Plätzchen backen und vor allen Dingen Plätzchen essen!

Ich bin ein recht freundlicher Wichtel, fast immer fröhlich und gut gelaunt.
Wir Wichtel schlafen am Tag (denn da sind einfach viel zu viele Menschen unterwegs) und sind in der Nacht aktiv. So können wir natürlich ganz besonders gut über unsere Menschen wachen und sie beschützen.

Mir liegt es am Herzen den Menschen bei denen ich vorübergehend einziehe mit meinen Späßen die Zeit zu vertreiben. Manchmal passiert es allerdings, dass ich etwas tollpatschig bin, mir kleine Fehler unterlaufen oder kleine Unfälle passieren. Das ist aber alles nicht böse gemeint! Ehrlich!
So ist es übrigens generell mit uns Wichteln!

Da ich mit so neumodischen Gerät nicht umgehen kann und darüber hinaus auch gar keinen Fotoapparat besitze, habe ich die liebe Mireille Schäublin gebeten ein Porträt von mir zu zeichnen (das Bild kannst Du vorne auf dem Cover sehen). Nun weißt Du wie ich aussehe und was wir Wichtel so alles können und treiben, dass wirst Du in Kürze erfahren!

Ich freue mich schon sehr Dich & Deine Familie kennen zu lernen und natürlich auf eine tolle gemeinsame Vorweihnachtszeit.

Ich komme auf jeden Fall mal kurz vorbei, falls schon ein anderer Wichtel bei Euch wohnt. Dann trinke ich mit ihr oder ihm eine Tasse Kakao und lass mir berichten, was ihr schon so nettes gebastelt habt.

Ich wünsche Euch schon jetzt,

Frohe Weihnachten

Euer
Jorik

JETZT GEHT ES ALSO LOS!

Herzlich Willkommen zu mehr als 200 liebevoll gemeinten Schabernack-Ideen und mehr als 30 Hinweise zu Bastel-Ideen, die so oder so ähnlich am Morgen von den Kindern vorgefunden werden könnten.

Mal mit erklärendem Brief / Notiz von ihrem Wichtel, mal ohne!

Den Schabernack bitte altersgemäß auswählen und platzieren. Was für manch Kleine vielleicht noch zu schwer zu erfassen ist, ist für Große gerade richtig und was für diese vielleicht schon zu lahm und langweilig ist, lässt gerade die kleinsten Kinder-augen strahlen.

Bei allen Ideen auch schon an das nächste Jahr denken, damit sich nicht alles 1 zu 1 wiederholt.

Viel Spaß beim Ausprobieren!

SCHABERNACK IM KINDERZIMMER

Kleiderwechsel
Weihnachtswichtel toben sich gerne in Schubladen und Schränken aus…

- Pullover und Shirts wurden vertauscht
- Socken wurden auseinandergerollt
- Socken wurden im Kinderzimmer verteilt oder aufgehängt. Sie geben eine wirklich schöne Deko ab!
- Socken wurden am Ende zusammengebunden
- Nanu?! Wie kommt denn bloß das Hemd da oben hin? Der Wichtel hat mit Krepp leichte Kleidung an den Türrahmen gehangen!

Spielzeug verstecken
Der Wichtel sah, wie viel Spaß die Kinder mit dem Spielzeug hatten und wollte auch damit spielen!

- Spielzeuge wurden leicht versteckt
- Spielzeuge von Geschwistern wurden vertauscht, als der Wichtel wieder aufräumen wollte.
- Der Wichtel wollte mit einem Spielzeugauto fahren. Dabei fuhr er wohl gegen eine Wand, lies das Auto stehen und hinterließ eine kleine Spur.

Puzzle für 1001 Nacht

- Der kleine Wichtel hat über Nacht einfach das Puzzle fertig gestellt!
- Oder er hat vielleicht 5 Puzzleteile im Zimmer versteckt? Damit sie leichter zu finden sind, hat er wie bei einer Schnitzeljagd Tipps hinterlassen, wo er die Teile deponiert hat.
- Warum die Puzzelteile nicht mal anders nutzen!? Wie hoch man wohl einen Turm aus den Puzzleteilen bauen kann?

Spielzeuge wurden aufgestellt
Offenbar hat der Wichtel eine Rede gehalten und hat alle Kuscheltiere um sich versammelt oder er brauchte ein Publikum um für seine Rede (für die Wichtel-Weihnachtsfeier) zu üben.

- Die Kuscheltiere wurden im Zimmer oder auf der Treppe aufgestellt.
- Vielleicht hat der Wichtel auch das ein oder andere Kuscheltier auf das Regal gesetzt, weil es von hier oben viel schöner ist!
- Alle Figuren im Haus wurden vom Wichtel eingeladen! Sie sind alle bei ihm Zuhause (sitzen vor / um das Wichtelhaus) und hatten gemeinsam viel Spaß.
- Die Spielzeugautos stehen in einer Reihe oder sogar verteilt im Raum. Vielleicht hat der Wicht verschiedene Autos ausprobiert oder wollte sogar ein kleines Rennen gegen andere Spielzeuge fahren!
- Gemeinsam spielen macht eben mehr Spaß! Der Wichtel hat zum Kartenspielen eingeladen. Dabei hat er sich drei Spielgefährten (Kuscheltiere /

Puppen) eingeladen und sie sitzen im Kreis zusammen, vor ihnen liegen Spielkarten.

- Das gilt natürlich auch, für alle anderen Brettspiele wie Mensch ärgere Dich nicht usw.
- Magnetisches Spielzeug, zum Beispiel Tonie-Figuren, Magnetbuchstaben für die Tafel usw. könnten an ungewöhnlichen Orten aufgehängt werden (Kühlschrank / Treppenhaus / Türzargen sofern aus Metall usw.)

Carrera-Bahn aufbauen
Auch ein Wichtel will mal Auto fahren!

- Daher baute er die Carrera Bahn (oder ähnliche) auf und hat sie getestet!
- Das Auto steht noch auf der Bahn und der Wichtel hat Fußspuren oder andere Hinweise hinterlassen.
- Das Spielzeugauto ist nicht mehr an seinem Platz! Da fuhr der Wichtel wohl mit herum.
- Und die komplette Zugstrecke? Wohl wollte der Wichtel auch mal mit dem Zug spielen und hat eine komplette Bahn gebaut (das könnte z. B. auch an ganz ungewöhnlichen Orten passieren, zum Beispiel im Bad / im Keller oder der Küche)
- Der Schelm liebt das Risiko und Herausforderungen. Daher baut er gerne Schikanen z. B. aus Legosteinen oder ganz selbstgebastelt aus Pappe.

Legosteine für den Wichtel
Die Legosteine haben die perfekte Größe für den Wichtel! Das hat ihn dazu gebracht, einfach selbst etwas zu bauen!

- Ein kleines Lego Dorf erinnert ihn an sein Zuhause.

- Schneemänner aus Lego würden auch super in seinen Garten passen.

- Ein Lego Turm hat dem Wichtel geholfen, mal das Zimmer von Oben zu betrachten.
- Eine Treppe hilft auf so manche Möbel zu gelangen.
- Auf einer Lego Bank kann man eine gemütliche Pause einlegen. Besonders gut, passt sie in seinem Vorgarten.
- Ein kleines Nebenhaus komplett aus Lego direkt im Kinderzimmer, ist für den Wichtel auch etwas Feines! So kann er sogar noch besser auf die Kinder aufpassen, wenn sie ihm ein Häuschen bauen.

Basteln & Malen

Wichtel spielen nicht nur gerne, sie malen und basteln auch!

- Manchmal malt er schöne Bilder für die Kinder
- Ab und an bastelt er! Dann kann es leider schon einmal vorkommen, dass er ganz müde ins Bett geht, ohne vorher aufzuräumen.
- Er hängt fertige Sterne an die Fenster.
- Scheren wurden mit Tesafilm zusammengeklebt
- Bastelutensilien liegen verstreut auf dem Tisch.
- Mit Wasserfarben hat er leider über das Bild hinaus auf den Tisch gemalt (nicht zu empfehlen bei empfindlichen / echten Holztischen!)

Bequem soll es sein
Die Kissen wurden zusammen auf einen Haufen gelegt.

- Offenbar wollte es der Wichtel auch gemütlich haben! Dabei hat er alle Kissen im Haus zusammengetragen und auf einen Haufen gelegt.

- Er hat sich wohl ganz tief eingebuddelt und ein bisschen ausgeruht.
- Vielleicht liegt noch ein Buch herum oder Kekskrümel zeugen von seiner Pause auf dem Kissenberg.

Der Wichtel liest gerne

Da Wichtel bekanntlich Geschichten mögen, hat er sich ein Buch stibitzt.

- Das Buch liegt auf dem Boden, in einem anderen Raum oder auf dem Bett
- Eine Seite ist vielleicht aufgeschlagen und der Wichtel wünscht sich, dass ihm vorgelesen wird?
- Die Bücher wurden vom Wichtel genutzt, um eine Treppe zu bauen. Nun müssen wir sie wieder einsortieren!
- Auch das aus Büchern gebaute Häuschen fällt auf den Wichtel zurück!
- Bücher kann man übrigens auch gut nutzen, um mit ihnen ein Gehege oder ähnliches zu bauen, um gefährliche Spielzeug-Dinos o. ä. einzusperren.

SCHABERNACK IN DER KÜCHE

Auch die Küche ist vor dem Weihnachtswichtel nicht sicher. Dann hoffen wir, dass er hier weniger Unsinn treibt, oder zumindest etwas aufräumt! Auf jeden Fall hinterlässt er hier die meisten Spuren! Da hat der Wichtel doch glatt versucht, selbst Kekse zu backen und oh nein, was ist das…?

Zauberhafte Milch
Da das Frühstück bekanntlich die wichtigste Mahlzeit ist, soll natürlich auch diese Fröhlichkeit in den Tag bringen!

- Daher hat er einen Tropfen Lebensmittelfarbe in die Frühstücksschüssel gegeben! Sobald Milch dazu kommt, färbt sich nicht nur das Frühstück bunt, bunt soll auch der neue Tag werden!
- Auch die Milch selbst kann direkt mit Lebensmittelfarben eingefärbt werden und so gießt man plötzlich z.B. rosa statt weißer Milch aus der Milchtüte in die Tasse.
- Wundervoll ist es auch gleich, wenn sich nicht nur die Farbe sondern auch der Geschmack ändert! So könnte unser kleiner Schelm z. B. Erdbeerpulver in die Milchtüte geben und so gibt es am Frühstückstisch einen unerwarteten Milchshake statt normaler Milch zu trinken.

- Der Wichtel hat einfach alle Nüsse oder Rosinen aus dem Müsli gegessen (oder sie der Reihe nach aufgestellt)!
- Eine kleine Spur aus Cornflakes verrät, dass der Wichtel wohl auch hier genascht hat.
- Die Milchtüte war leer! Daher hat der Weihnachtswichtel die Müslischalen mit Joghurt gefüllt und das Müsli kommt als Topping obendrauf!

Spuren im Sand?
Wohl eher im Mehl! Spuren lassen sich gut mit Q-Tipps produzieren oder auch mit den eigenen Fingern oder mit Playmobilfiguren und ähnlichen Gestalten.

- Das kleine Loch in der Mehlpackung kommt bestimmt vom Wichtel, oder?
- Hat der Wichtel doch glatt den Zuckerpott / die Mehltüte etc. umgeworfen und ist durch getapst.
- Auch Spuren aus Nutella sind sehr begehrt.
- Ebenso eignen sich alle weiteren klebrigen oder pulverförmigen Lebensmittel wie:
  Speisestärke, Puderzucker, Rohrohrzucker, getrocknete Linsen und Erbsen, Schoko- und Zuckerstreusel, Marmelade, Honig, Sirup usw.

Altpapier 2.0
Wichtel sind bekanntlich sehr kreativ! Gerade mit Altpapier lässt sich viel bewerkstelligen und was man daraus alles basteln kann… Natürlich hat der Wichtel aber wieder alles liegen gelassen.

- Er hat sich in der Küche ein kleines Haus gebaut.
- Nanu? Hat der Wichtel wohl die Zeitung von Gestern herausgekramt und versucht das Rätsel zu

lösen?

- Mit Pappe hat der Wicht sich doch glatt eine Rampe gebaut und fährt nun mit seinem Schlitten herunter! Er hat im (Mehl) Schnee sogar Spuren hinterlassen.
- Er hat Kleister angerührt und angefangen mit Altpapier z. B. einen Pappmaché -Tannenbaum zu basteln. Leider ist er nicht ganz fertig geworden, was für ein Glück, dass er mit so lieben Kindern zusammen wohnt, die ihm sicher bei der Fertigstellung helfen.
- Überall in der Küche liegen zerknüddelte Papierbälle herum! Der Wichtel wollte gerne eine Schnellballschlacht veranstalten. Da sich Schnee im Haus nicht gut hält – hat er halt Papier-Schneebälle genutzt.

Der Wichtel und das Essen

Eurem Wichtel geht es so richtig gut! Deswegen hilft er euch gerne im Haushalt. Dabei versucht er immer wieder, nicht von den Leckereien zu naschen. Meistens bleibt es aber bei dem Versuch! Was soll's er ist halt ein Süßer, und nascht gerne.

- Er hat morgens bereits den Tisch gedeckt und hinterlässt einen kleinen Brief als Dankeschön für Eure Gastfreundschaft.
- In einer Reihe aufgereiht liegen fein säuberlich die (Kaffeebohnen) Kaffeepads, die zur Kaffeemaschine führen. Mit frischem Kaffee am Morgen für Mama und Papa ist es ein guter Start in den Tag.
- Die gekochten Frühstückseier wurden vom Wichtel mit lustigen Gesichtern bemalt, damit der Morgen schon fröhlich beginnt.

- Manchmal sitzt ihm aber auch der Schalk im Nacken… da denkt man, man hat ein frisch gekochtes Ei am Frühstückstisch und wenn man es öffnet ist man überrascht, dass es noch völlig roh ist und sich der Eiglibber auf dem Tisch / Teller verteilt. Igitt!
- Der Wichtel hatte Lust auf eine Mandarine, hat es aber nicht mehr bis zum Mülleimer geschafft. Die Schalen müssen nun leider andere wegbringen.
- Auch die Mandarinen in der Küche wurden vom Wichtel bemalt! Nun lächeln die Früchte die Kinder an.
- Auch die Abdrücke in der Butter kommen wohl vom Wichtel.
- Keiner weiß, wie das Kuscheltier / ein Spielzeug in den Kühlschrank kommt. Vielleicht hat der Wichtel es dort vergessen, als er vor Hunger nachschauen wollte, was es leckeres zu essen gibt.
- Der Aufschnitt aus der Tupperdose liegt nun schön aufgefächert und angerichtet auf einem Teller / einer Platte bereit.
- Die Kartoffeln für die nächste Mahlzeit hat er noch schnell geschält und in einem Topf mit Wasser in den Kühlschrank gestellt.
- Die Brotscheiben haben komische Löcher! Da hat der Wichtel wohl die Plätzchenausstecher bemüht und so süße Brotstückchen für die Kinder vorbereitet.
- Er vergisst seinen Löffel im Dessert und natürlich kleckert er auch etwas herum.
- Nüsse nascht er besonders gerne, nur die Nussschalen vergisst er immer wegzuräumen.

Plätzchen für den Wichtel

Na sowas? Wo kommen denn die Ausstechförmchen her? Hat der Wichtel etwa Hunger?

- Der Wichtel wünscht sich neue Kekse, daher hat er sogar sein liebstes Backrezept dagelassen.
- Er hat sich ein Backbuch geschnappt und das Rezept markiert, das seine Menschen für ihn backen sollen.
- Der kleine Helfer konnte offenbar nicht lange warten und hat schon was von den Keksen genascht.
- Auch liebt er Kekse, die ihm vor die Tür gestellt werden!
- Ohje, er wollte schon anfangen, jetzt liegt das ganze Backzubehör kreuz und quer.
- Der Weihnachtswichtel hat für seine Menschen ganz alleine einen Keksteig zubereitet, der nun im Kühlschrank wartet. Leider hat er vergessen wieder aufzuräumen.
- Die von seinen Menschen gebackenen Kekse hat er über Nacht in Schokolade getunkt oder schön mit Streuseln u. ä. verziert.

Purer Schabernack

In der Küche gibt es aber auch wirklich so viele Möglichkeiten und Gelegenheiten ein bisschen Unsinn zu treiben. Da kann ein Wichtel einfach nicht anders!

- Mit Tesafilm hat er die Ketchup-Flasche zugeklebt. So kommt natürlich nichts mehr heraus, ob es seine Menschen direkt bemerken?
- Generell benutzt er Tesafilm sehr gerne denn auch

Salz, Pfeffer, die Kakaodose und vieles mehr kann man damit zukleben.

- Wichtel spielen für ihr Leben gern im Schnee! Weil draußen grad kein Schnee liegt, hat er sich einfach etwas Mehl gemopst und ein paar Schnee- äh… Mehlengel auf dem Tisch hinterlassen.
- Oh weh! Plötzlich sind alle Töpfe und Pfannen aus der Küche verschwunden. Er hat sie in die Badewanne getragen und Wasser eingelassen. Na das ist aber ein großes Spülbecken!
- Die Brotdose für die Kinder, die am Abend vorbereitet wurde, ist am nächsten Morgen leider leer: Immerhin entschuldigt sich der Wichtel per Notiz lieb dafür, aber es sah einfach zu lecker aus!
- 1,2,3,4 Eckstein – alles muss versteckt sein! Hat sich wohl der Weihnachtswichtel gedacht und das Besteck, die Töpfe oder die Tassen versteckt. Wie mühsam ist es alles wieder zu finden.
- Mit einem dicken Edding hat er Gesichter auf die Konserven gemalt und sie im Kreis aufgestellt.
- Wackelaugen lassen Schöpflöffel, Pfannenwender & Co zum Leben erwecken. Wenn diese zusammen aufgestellt werden, sieht es so aus, als hätten sie eine Versammlung und würden sich beraten.
- Die Tabs für die Spülmaschine sind verschwunden… ob da auch der Weihnachtswichtel für verantwortlich ist? Jetzt müssen wir wie alle früher, gemeinsam von Hand spülen und abtrocknen.

OH WEH! DAS BADEZIMMER!

Der Wichtel geht gerne auf Erkundungstour. Auch im Bad gibt es viele Möglichkeiten sich auszutoben.

Buntes Wasser

- Grünes Wasser? Hier hat der Wichtel Lebensmittelfarbe an den Wasserhahn gepinselt.
- Ebenso könnte er in der Toilettenspülung Farbe versteckt haben. Eine schöne Überraschung, wenn das Wasser benutzt wird!

Der Wichtel und das Klopapier
Auch das Papier wird nicht verschont! Denn der Wichtel hat viel Spaß daran, hoch zu hüpfen und das Papier abzurollen. Leider ist er aber zu klein, um es wieder aufzurollen.

- Das ist jedoch gar nicht so schlimm, denn Klopapier kann man auch wunderbar als Girlande benutzen um was auch immer damit zu schmücken.
- Er baut sich ein kleines Nest aus WC-Papier und verspeist sogar einige Nüsse in seinem kleinen Lager!
- Er nutzt das Papier zum Schreiben oder Malen.
- Ist das eine Mumie? Leider bleiben auch die Spielsachen der Kinder nicht verschont: Da hat der Wichtel doch glatt das Spielzeug mit Klopapier eingewickelt!
- Wer kleine Bastel-Stanzen hat, kann auch entsprechende Muster (ein Locher tut's auch) ins

Klopapier stanzen. Danach wieder aufrollen! Das wird beim nächsten Klogang eine Überraschung.

Wichtel im Spiegel

Wichtel sind sehr neugierig. Besonders wenn sie sich selbst einmal im Spiegel betrachten können!

- Dabei malt er mit Seife auf den Spiegel.
- Mit Klebestreifen klebt er Engel, Tannenbäume und selbst Wichtel auf den Spiegel.
- Da der Wichtel dem Papa beim Rasieren zugesehen hat, will er es auch einmal testen! Und dabei landen Spritzer vom Rasierschaum auf dem Spiegel (dies kann nur ganz kurzfristig vorbereit werden, da der Rasierschaum schnell zusammenfällt / herunter rutscht)
- Mit Fensterkreide hat er einen Schnurrbart auf den Spiegel gemalt und jeder der jetzt in der passenden Höhe in den Spiegel schaut, wird sich selbst kaum wieder erkennen.
- Mit Fensterkreide hinterlässt er einen fröhlichen Gruß, so dass wir gut gelaunt in den neuen Tag starten können.

Cremes & Co für den Wichtel

Nicht nur, dass der Schelm den Weg ins Badezimmer gefunden hat, er hat es auch noch geschafft, Tuben und Cremes zu öffnen.

- Dabei landen Spuren der Creme auf dem Türgriff.
- Zahnpastatropfen sind im Waschbecken verteilt.
- Und auch der Spiegel bekommt Tropfen ab!
- Woher bloß der Schaum im Wasser kommt? Wollte der Wichtel wohl selbst ein warmes Bad im

Waschbecken nehmen?

- Mit Malseife kann man tolle Flecken und Nachrichten im Waschbecken oder der Badewanne hinterlassen.
- Auch die kleine Leiter, die vom Waschbecken herunter hängt, hat dem Wichtel wohl geholfen!
- Aber die Handtücher, die auf dem Boden liegen, hätte der Wichtel ruhig wieder richtig zusammenfalten können!
- Wo sind denn nur die Handtücher geblieben, hat der Weihnachtswichtel schon wieder verstecken gespielt?
- Der Schelm hat es geschafft, den Wasserhahn zu bedienen und lässt kleine Boote im Waschbecken oder der Badewanne segeln.
- Er hat sich wohl gedacht, Frischluft sei etwas Feines… aber die kalte Morgenluft im Badezimmer war dann wohl doch etwas zu viel des Guten!

Nachrichten vom Wichtel

Die Fliesen, Spiegel und Fenster werden dafür gerne genutzt. Egal ob es ein persönlicher Gruß, ein Tages-Credo oder nur eine kleine Zeichnung ist, sicher wird sie mit Freude von den Kindern begrüßt. Dafür eignen sich besonders

- Wasserfarbe
- farbige Seife
- Glasstifte
- Whiteboard Marker
- Fensterkreide

DIE WARME STUBE UND DER TANNENBAUM

Besonders unsere Wohnstube / das Wohnzimmer ist für Wichtel schön! Nicht nur weil es immer schön warm darin ist, sondern weil hier alle zusammen kommen! Doch auch hier bekommt der kleine Wicht immer wieder Lust, etwas Unsinn anzustellen.

- Die Sofakissen sind verschwunden. Stattdessen hat er einen Brief hinterlassen, wir sollen es uns nicht zu gemütlich machen und lieber eine Runde draußen spielen.
- Die Sofakissen wurden zu einer kleinen Burg aufgebaut.
- Die Weihnachtsdekoration wurde vom Wichtel zu einer Treppe umgebaut, damit er auch auf die Schränke hinauf kann!

Der Wichtel mag Musik
Besonders die Weihnachtslieder haben es ihm natürlich angetan!

- Wenn die Kinder oder die Familie zusammen Weihnachtlieder singen oder spielen, bedankt er sich sicherlich mit einer Kleinigkeit!
- Spielt das Kind ein Instrument? Dann wünscht

sich der Wichtel bestimmt ein kleines Lied.

- Vielleicht ist der Wichtel in einer musikalischen Familie und hat sogar Noten hinterlassen?
- Gibt es im Haus eine Toniebox und Kreativ-Tonies – könnten alle Kreativ-Tonies mit ein und dem gleichen Lied bespielt werden – dem Lieblingslied des Wichtels! Das gilt natürlich auch für alle anderen Abspielgeräte.

Der Wichtel und der Fernseher

Vielleicht mag er die bunten Bilder vom Fernseher oder die fremden Geräusche?

- Der Fernseher läuft noch, hat der Wichtel etwas die ganze Nacht TV geschaut?
- Und wenn der Fernseher plötzlich doch mal ausgeht? Da muss er bestimmt daran gespielt haben! (Timer stellen oder per Handyapp TV ausschalten)
- Vielleicht schaltet sich der Fernseher aber auch einfach ein – just in dem Moment wo ein Weihnachtsfilm beginnt. Danke lieber Wichtel, dass Du den Fernseher für uns programmiert hast.
- Gemütlich sieht es aus. Auf der Couch sitzen mehrere Kuscheltiere und Puppen. Etwas Popcorn liegt verstreut herum – da hat der Weihnachtswichtel mit seinen Freunden zusammen einen Film geschaut.
- Die Fernbedienung funktioniert nicht mehr. Welcher Schelm hat da wohl die Batterien entfernt?
- Man kennt seinen Lieblingssender! Blöd nur, wenn plötzlich der Kanal verstellt wurde und Kika (oder ähnliches) nicht mehr auf der "10" sondern auf der "99" zu finden ist!

Die Dekoration
Wunderschön an Weihnachten sind immer die Dekorationen, die auch dem Wichtel gefallen! Die vielen Farben und Lichter, die großartigen Düfte und die Natur, die auch ins eigene Haus einzieht.

- Doch wo sind die Tannenzapfen geblieben? Hat der Weihnachtshelfer doch glatt einen gemopst und in seinen eigenen Garten gestellt!
- Der Wichtel hat uns ein Öllämpchen / ein Räuchermännchen hingestellt, dass sollen wir wohl mal ausprobieren.
- Auch eine Christbaumkugel ist verschwunden und liegt im Garten des Wichtels.
- Es ist sehr verwunderlich, wie der Wichtel alle Christkugeln einer Farbe vom Baum bekommen hat. Aber immerhin hat er sie zusammen auf eine Stelle gelegt!
- Eine Spur aus Tannenbaumnadeln führen zur Wichteltür! Er hat sich einen eigenen, kleinen Tannenbaum aufgebaut.
- Eine große Freude! Alle Türen im Haus haben vom Wichtel eine Dekoration bekommen. Vom Schneemann und Stern bis hin zum Rentier und ein schöner Türkranz sind vorhanden!
- Oh je! So viele Luftballons im Wohnzimmer. Er hätte die Familie ja ruhig einladen können zu seiner kleinen Party! Immerhin war die Musik leise und hat niemanden geweckt.
- An jede Tür hat der kleine Wicht doch tatsächlich Glöckchen hingehangen! Jetzt erklingen sie jedes Mal, wenn eine Tür geöffnet wird.

Nanu? Was ist bloß mit dem Licht?

- Hat der Wichtel wieder Unsinn getrieben und die Glühbirnen herausgedreht!
- Die Lichterkette wurde von ihm ebenfalls herausgezogen!
- Die Glühbirnen in den Deckenlampen haben sogar eine andere Farbe vom Wichtel bekommen.
- Eine Lichterkette wurde vom Wichtel abgehangen um damit ein anderes Fenster zu erleuchten.
- Oh je! Da wurden die Kerzen durch Möhren ausgetauscht, dieser Wicht!
- Elektrische Teelichter leuchten uns in der Nacht / am Morgen den Weg.

Der Wichtel und die Weihnachtsteller

Die großartigen und leckeren Weihnachtsteller mit Keksen, Schokokugeln und Mandarinen. Sie wirken so verlockend auf den Wichtel. Aber um zu wissen, ob er die Sorten auch mag, hat er sie erst probiert und angeknabbert.

- Doch dabei knabbert er recht viele Kekse an, vermutlich um seine Lieblingssorte zu finden.
- Selbst die Mandarinen hat er angeknabbert.
- Eine Spur aus Nüssen verrät den Kindern, dass der Wichtel unter dem Weihnachtsbaum saß und dort genascht hat.
- Wo ist bloß der Nussknacker? Hat der Wichtel ihn etwa da oben auf das Regal gestellt?
- Alle Nüsse im Haus sind verschwunden. Oh weh. Da hat der Wichtel doch wohl nicht alle Nüsse gegessen? Aber das würde erklären, wieso ein großer Haufen Nussschalen auf dem Boden liegen.

AUCH NACH DRAUSSEN GEHT DER WICHTEL

Bevor ihr nach Draußen geht, solltet ihr immer einmal eure Schuhe kontrollieren! Denn neben kleinen Aufmerksamkeiten vom Wichtel könnt ihr auch hier beobachten, was für Schabernack er angerichtet hat!

Die Schuhe der Bewohner

- Da hat der Wichtel doch glatt alle Schuhe aus dem Regal genommen und einfach vor die Tür gelegt!
- Ebenso hat er die Jacken von der Garderobe genommen und dort die Schuhe hingehangen. Dabei hat er die Jacken einfach so auf den Boden fallen lassen.
- Was ist nur mit den Schuhen von Mama und Papa los – da steckt ja Lakritz statt Schürsenkel in den Schuhen!
- Die Schürsenkel der Kinder wurden durch bunte Wollfäden ersetzt.
- Am Klettverschluss der Schuhe hängen Kletties o. ä.
- Erstaunlich wie das duftet, da hat der Schlingel doch tatsächlich Teebeutel in die Schuhe gesteckt. Auch wenn diese jetzt lecker riechen, aufgießen wollen wir den Tee vermutlich lieber nicht mehr!

- Auch Nudeln wurden schon in Schuhen gesichtet. Zum Glück im festen Naturzustand und noch nicht gekocht!
- Da hat der Wichtel, dieser Schelm über Nacht, doch einfach die Schuhe miteinander verknotet.
    - von passenden Paaren
    - von verschiedenen Schuhen
    - eine lange Reihe einer „Schuhkette“

Die Jacken und Mützen

Auch die Jacken bleiben wohl nicht verschont!

- Die Ärmel wurden vom Wichtel zusammengebunden.
- Alle Reißverschlüsse wurden auf / zu gemacht.
- Auch die Mützen und Handschuhe wurden alle komplett auf links gedreht.
- So hat der Wichtel doch glatt die Mützen mit Taschentüchern gefüllt!
- Was sind denn das für dicke Jacken? Steckt da jemand drin? Oh, da hat der Wichtel dieser Schlingel Ballons in den Jacken versteckt.
- Mit einem Bindfaden (oder Geschenk-Schleifenband) hat der Schelm jeden Ärmel von außen mit einer schönen Schleife zugebunden. So können die Hände nicht durchschlüpfen.
- Gibt es mehrere Jacken in gleicher Größe? Spiegelverkehrt sind sie am Reißverschluss zusammen verbunden (erste Jacke linke Reißverschlussseite mit rechter Seite von zweiter Jacke usw.)

Vor der Tür mit dem Wichtel

- Nanu? Wer hat bloß die Einfahrt vom Schnee befreit? War der Wichtel doch so fleißig! Aber er hat noch viel mehr gemacht!
- Die Laterne mit Kerze vor dem Haus ist neu und beleuchtet nun alles so schön.
- Und auch das Holz für den Kamin wurde bereits vor die Tür getragen.
- Im Garten oder auf dem Balkon kann der Wichtel natürlich auch wirken und stellt schon mal was links stand nach rechts oder umgekehrt.
- Vielleicht hat er auf dem Balkon auch ein Kuscheltier platziert, damit es mal in die Ferne schauen kann.
- Holzspänne könnten von seinem Wirken erzählen, hat er wieder gebastelt?
- Vielleicht hat er ein Eichhörnchen-Futterhaus oder ein Vogelhäuschen aufgebaut, damit die kleinen schutzbedürftigen Tierchen auch bei Euch etwas zu fressen finden.
- Liegt mal so richtig viel Schnee, schafft es der Wichtel sogar einen Eimer Schnee ins Badezimmer zu schmuggeln. In Dusche, Wanne oder Waschbecken hat er einen Mini-Schneemann o.ä. gebaut.

GANZ ALLGEMEINE IDEEN

Glücksbringer für die Kinder hinterlassen

Nicht jeder Tag ist immer einfach! Daher hat der Wichtel kleine Glücksbringer für die Hausbewohner gebastelt und möchte sie ihnen schenken. Ganz egal ob gekauft oder gebastelt, die Gabe selbst und der Gedanke dahinter zählen.

- Kleine Anhänger, Armbänder oder Perlenschmuck
- Kleine Engelsfiguren oder Engelsanhänger.
- Vierblättriges Kleeblätter
- Glücksschweinchen
- Hufeisen
- Herzchen
- Marienkäfer
- Kleine Plättchen mit dem Namen des Kindes
- Holzperlen als Armband zusammengestellt
- Glücksbringer aus Federn und Spiralen in verschiedenen Farben
- Ringe, die mit Garn umspannt sind und einen kleinen Traumfänger ergeben
- Namensperlen aus Holz
- Auch kleine gehäkelte oder gestrickte Anhänger können vom Wichtel gebracht werden

Krankheit & Co

Ist das Kind erkältet, möchte der Wichtel natürlich, dass es ihm schnell wieder gut geht!

- Darum verteilt er überall Taschentücher und Husten-bonbons.
- Der ganz spezielle „Werde-schnell-wieder-gesund-Tee" vom Wichtel hilft natürlich auch. (Pfefferminztee oder besondere Kindertees z.B. aus dem Drogeriemarkt)
- Sollte es mal arg sein und jemand im Haus muss einen Gips tragen, verewigt sich der Wichtel nachts still und heimlich auf diesem und hinterlässt vielleicht sogar ein bisschen Zauberpulver, damit der Bruch ganz schnell verheilt.
- Zur Aufmunterung hinterlässt er auch ganz sicher eine Überraschung und ein paar nette Zeilen.

Handarbeiten

Der Weihnachtswichtel sah wohl, wie Mama etwas nähte (oder war es seine Wichtel-Oma) und wollte es genauso machen.

- Die Hosenbeine wurden von Hand am Ende leicht zusammengenäht (große Abstände, dünne Nadel und man kann es hinterher lösen, ohne dass etwas zurück bleibt).
- Ein kaputtes Stofftier wurde wieder zusammengenäht.
- Ein Loch im Socken wurde mit einer ganz unpassenden Farbe (und nicht gerade schön) geflickt. Lustig sieht es natürlich trotzdem aus!
- Garnrollen liegen verteilt auf dem Boden.
- Er hat sich selbst eine Decke gestrickt
- Er hat für seine Mitbewohner etwas genäht / gestrickt / gehäkelt
- Ein flauschiges Kissen wurde vom Wichtel geknüpft

- Ein Riss in einer Hose (oder ähnliches) erhält Knopfaugen und aus dem Riss hängt eine Stoffzunge. Jetzt sieht der Riss ein bisschen wie ein lustiges, kleines Monster aus.
- Bunte Bommeln wurden an einen Strumpf oder Pullover genäht, das sieht aber komisch aus…
- Aus einem alten Socken wurde im Nu ein Püppchen gezaubert (siehe YouTube, Pinterest).

Auch Mama und Papa werden nicht verschont!

- Was hat Mama denn da im Gesicht? Über Nacht wurde ihr ein Schnurrbart (Kajal) aufgemalt! Ob sie es wohl genauso lustig findet wie die Kinder?
- Der Bart von Papa wurde vom Wichtel abrasiert.
- Wie komisch! Mama hat ganz viele rote Punkte im Gesicht (Lippenstift)! Da hat der Wichtel wohl auch hier sein Unwesen getrieben!

Weiterer Schabernack

Natürlich findet der Wichtel immer wieder etwas Neues, um ein bisschen Unsinn zu treiben!

- Von einem Blumenstrauß hat er doch tatsächlich eine Blume geköpft und die einzelnen Blütenblätter im Wichtel-Vorgarten verteilt (weil es so schön ist). Was für ein Glück, dass diese einzelne fehlende Blüte im Strauß fast gar nicht auffällt.
- Da hat er doch glatt die Türen mit Malerkrepp klebender Weise verbunden und dabei Streifen von links nach rechts geklebt!
- Dabei hat er es doch nur gut gemeint und das Krepp sogar mit Weihnachtsmotiven bemalt!

- Oder es mit leichter Dekoration beklebt sieht doch eigentlich auch ganz gut aus!
- Er wollte gerne mal mit Tinte schreiben… leider hat er dabei ein paar Kleckse auf das Papier getropft
- Mit Zitronensaft und einem Zahnstocher oder sehr dünnem Pinsel hat er etwas auf einem Papier geschrieben. Ganz vorsichtig an der Kerze (ca. zwei bis drei cm darüber) erwärmt, erscheint auf dem Papier die Geheimschrift für die Kinder. Durch die Hitze verfärbt sich der Zitronensaft nach kurzer Zeit und wird sichtbar. Das Papier lieber zu hoch als zu niedrig über die Kerze halten (es dauert ca. 10 Sekunden bis die Schrift sichtbar wird).
- Wer hier lieber auf Nummer sicher gehen will, kann den Zettel auch bügeln!
- Ein anderer Wichtel könnte mal zu Besuch kommen oder wenn man mal selber eine Nacht / ein paar Tage nicht da ist und die Kinder Sorge haben, dass sich keiner um ihren Wichtel kümmert, könnte „unser“ Wichtel verreisen (Seminar / zu Besuch bei Freunden / Fortbildung)

Der Wichtel und die Tiere

Natürlich liebt der Wichtel Tiere! Lebt ein Haustier bei euch, wird der Wichtel auch dieses nicht vergessen!

- Ein Hund mit einem Rentiergeweih (gibt es häufig in 1€ Läden) ist wirklich mal etwas anderes!
- Auch Nikolausmützen oder Schleifen können vorübergehend entzücken!
- Natürlich bekommt auch das Haustier vom Wichtel etwas! Spielzeug oder Leckerlis sind sicherlich mit dabei!
- Eine kleine Deko am / um den Stall oder das Körbchen verzückt auch sicher das Haustier, oder?

- Die Kuscheldecke im Körbchen ist sehr bequem. Ob sich der Wichtel vielleicht dazu gesellt und dort ein Nickerchen hält? Welche Spuren hat er wohl hinterlassen? Vielleicht sein Wichtel-Lieblingskissen?

Aufgaben und Wünsche vom Wichtel an die Kinder
Stets ist der Wichtel bemüht seiner Familie etwas Gutes zu tun! Ganz besonders Mühe gibt er sich, wenn sie ihm kleine Wünsche erfüllen.

- Zum Beispiel könnte er sich ein Gedicht von den Kindern wünschen oder das sie vor seinem Häuschen ein Lied für ihn singen.
- Zauberkörner (z. B. Maiskörner) müssen eingepflanzt oder mit Zauberpulver bestreut werden. Am nächsten Tag sind Süßigkeiten gewachsen.
- Der Wichtel hat „xyz" verloren! Bringen die Kinder es zurück zu seinem Wichtelhaus, bekommen sie als Dank eine Überraschung.
- Der Wichtel hat sich die tollen Rezepte aus einem Backbuch angeschaut und eines herausgesucht. Er würde sich sehr darüber freuen, wenn die Kinder für ihn backen!
- Der Wichtel möchte eine Schnitzeljagd machen! Dabei hat er verschiedene Hinweise versteckt, die die Kinder nacheinander finden und die kleinen Rätsel lösen müssen. Am Ende finden die Kinder eine kleine Überraschung. Natürlich dürfen Mama und Papa etwas helfen!
- Der Wichtel mag es gerne gemütlich. Manchmal fragt er seine Menschen ob sie ihm vielleicht etwas bauen.
- Eine festliche Dekoration ist zu Weihnachten natürlich das A und O. Findet der Wichtel, dass noch etwas fehlt, gibt er seinen Menschen gerne Aufgaben

wie Lichterketten aufhängen, Sterne basteln usw.

- Nach einem alten Brauch lässt er am Barbaratag, 4. Dezember, die Kinder gerne Zweige von Obstbäumen schneiden, die dann in einer Vase in der Wohnung aufgestellt werden. Dies soll im Folgejahr Glück bringen.
- Vielleicht stehen ja noch die Grußkarten an Familie und Freunde aus. Da kommt der Wichtel auf die Idee, dass seine Menschen ein paar Familienfotos für Weihnachts-karten schießen könnten.
- Eine ganz beliebte Aufgabe die der Wichtel gerne an die Kinder vergibt, ist es den Wunschzettel schreiben zu lassen. Diesen kann er, wenn gewünscht, auch direkt mitnehmen, wenn er das nächste Mal zum Besuch in die Weihnachtswerkstatt fährt.
- Oder, er bringt den fertigen Weihnachtswunschzettel-Brief in nächste Postamt. Es gibt versch. "Weihnachtsadressen" an die Kinder Brief schicken können und von dort sogar eine Antwort erhalten.

Hier gibt es die Adressen vom Weihnachtsmann, Christkind und Nikolaus:

https://www.deutschepost.de/de/w/weihnachtspost/weihnachtsmann-christkind.html

DER WICHTEL UND DAS ZAUBERPULVER

Habt ihr Zauberpulver vom Wichtel erhalten?
Dann benutzt es im richtigen Moment! Denn so könnt ihr tolle Überraschungen erhalten! Meistens hinterlässt der Wichtel eine kleine Notiz mit genauen Vorgaben für den nächsten Zauber.

Als Zauberpulver eignen sich zum Beispiel Glitzerstaub, Glitzersterne und ähnliches oder auch feiner Vogelsand.

In einem Tellerchen wird z.B. ein Stück Alufolie gelegt und anschließend etwas Zauberpulver drüber gestreut. Am nächsten Morgen ist durch "Zauberhand" ein Plätzchenausstecher aus der Alufolie geworden.

- Aus Alufolie werden neue Plätzchenausstecher
- Ein Hühner-Ei wird in / vor den Garten vom Wichtel gestellt. Wird es mit Zauberpulver bestreut, wird am nächsten Morgen ein Überraschungsei daraus.
- Wer den Taler nicht ehrt… aber was könnte wohl aus einem echten Geldstück gezaubert werden? Es werden Schokoladentaler daraus.
- Umgekehrt geht es natürlich auch, da freut sich das Sparschwein.
- Aus kleinen Ästchen werden bunte Lutscher
- Wasser, welches mit Lebensmittelfarbe eingefärbt wurde, wird zu Wackelpudding!

- Aus altem Papier wird ein schöner Stern
- Aus kleinen Saaten / Körnen wird Obst
- Das Zauberpulver lässt über Nacht in einem Blumentopf mit Erde einen Schokoladen-weihnachtsmann wachsen.
- Aus einem Kaugummi wird ein Luftballon.
- Auf einem Stück Papier wird eine (oder mehrere) schöne Musiknoten gemalt, daraus entsteht am nächsten Morgen eine CD mit Weihnachtsliedern oder eine Tonifigur oder ähnliches.
- Aus einem Haar wird ein Pinsel oder gleich ein ganzer Farbkasten, bestimmt sollen wir ein Bild malen.
- Aus einem Teelöffel Salz wird ein Salzteig (muss luftdicht verpackt sein, sonst härtet er zu schnell aus und kann nicht mehr genutzt werden).
- Aus Anspitzer-Resten werden neue Buntstifte.

FÜR DEN WICHTEL

Wir können so einiges für den eigenen Wichtel tun, damit er sich bei uns wohl fühlt. Auch, wenn es sich manchmal dabei scheinbar nur um Kleinigkeiten handelt, machen ihn diese sehr glücklich.

- Wir können für den Wichtel einen kleinen Glücksbringer basteln, da der Wichtel uns ja auch viel Glück bringt.
- Selbstgebasteltes, zum Beispiel Sterne lässt jedes Wichtelherz höher schlagen.
- Gemalte Bilder verkleinert er mit einem Zauberspruch und hängt sich diese in sein Wohnzimmer.
- Da er Weihnachtgedichte über alles liebt, können die Kinder bestimmt ein Gedicht für ihn schreiben oder aufsagen.
- Schreiben wir dem Wichtel doch auch eine kleine Notiz / einen Brief. So weiß er, dass wir an ihn denken.
- Manch ein Wichtel zieht nur mit seiner Tür ein und freut sich, wenn seine Menschen so nach und nach einen kleinen Vorgarten oder ähnliches für ihn entstehen lassen

Zum Beispiel:

- eine Treppe
- eine Leiter
- eine Bank / Tisch / Stühle
- ein Lagerfeuer
- eine Lampe / ein Licht
- verschiedene Dekorationen
    - Lichter
    - Blumen
    - Wiese / Moos
    - einen Zaun
    - Tiere

- Ist der Wichtel krank geworden, versorgen wir ihn natürlich unsererseits mit Taschentüchern und Medizin.
- Ab und an stellen wir dem Wichtel etwas Leckeres zu essen und zu trinken vor sein Haus.
- Abends schalten wir immer sein Lämpchen ein, damit er gut nach Hause kommt.

EIN PAAR KURZE BASTELIDEEN

Eine spezielle Bastelzeit gibt es eigentlich nicht, aber häufig kommt es zu Weihnachten dann doch vor, dass selbst Bastelmuffel gerne mal wieder aktiv werden.

Wir möchten an dieser Stelle kein Bastelbuch ergänzen sondern einfach mit ein paar Ideen dienen.
Im Internet gibt es zahlreiche kostenlose Vorlagen und Anleitungen.

Hierbei sollte man nicht nur die Google-Suche bemühen – wer Pinterest noch nicht kennen gelernt hat, wird diese App schnell zu schätzen lernen. Hier gibt es unzählige Ideen, die man sich an seine eigenen „Pinnwände" hängen und sortieren kann und sie so immer abrufbereit hat, wenn man mal wieder eine neue Bastelidee benötigt.

Bitte seht daher die aufgelisteten Bastelideen eher als eine Liste mit Ideen für Schlagwörter / Suchwörter an, um bei YouTube, Pinterest & Co entsprechende Vorlagen und Anleitungen zu finden.

Vielleicht bastelt ja der Weihnachtswichtel etwas für seine Familie – ganz besonders freut er sich aber, wenn er der Familie zuschauen kann, wie diese gemeinsam etwas basteln.

Tannenbäume

- Sowohl zweidimensional als auch dreidimensional aus Papier und Pappe
- Tannenbäume aus Wollfäden die mit Kleister oder Bastelkleber um einen Styroporkegel oder Trichter oder ähnliches herum fixiert werden. Sobald alles getrocknet ist, anpinseln und dekorieren.
- Tannenbäume, die aus Tannenzweigen gebastelt werden
- Mit Bügelperlen lassen sich ebenfalls schöne Tannenbäume oder generell Weihnachtsornamente gestalten

Sterne

- Sterne können ebenfalls zwei- oder drei-dimensional gebastelt werden.
- Mit 4 Zacken oder doch für echte Profis vielleicht schon mit 8 Zacken?
- Als Fensterdekoration an Perlondraht aufgehangen
- Sterne, die von innen beleuchtet sind
- Ebenso können Sterne aus Fäden gebastelt werden / mit Leim vermischt, in Form gebracht und nach dem Trocknen ergibt das ganz wundervolle Variationen
- Sind die Sterne aus Draht, können sie zusätzlich noch geschmückt werden.
- Aber auch aus aufgefädelten Perlen können wunderschöne Sterne entstehen
- Sterne, die als Windlicht dienen und das Haus noch schön beleuchten!
- Vorgefertigte Holzsterne können weihnachtlich dekoriert und bemalt werden

Kränze und Kerzen

- Kerzen können z.B. aus alten Kerzenresten ganz leicht selbst gegossen und dekoriert werden
- Ebenso kann ein Adventskranz, ganz alleine für die Kinder, gebastelt werden (natürlich nur mit elektrischen Kerzen)
- Styroporkränze können nach Belieben bemalt und gestaltet werden.
- Mit dünnen, langen Ästen könnt ihr ebenfalls einen Kranz basteln.
- Schneemannkerzen selbst gestalten.
- Einmachgläser können von außen mit Seidenpapier und Sticker beklebt werden.
- Aus Papier eine weihnachtliche Silhouette ausschneiden und mit einem elektrischen Teelicht dahinter beleuchten.

Weitere Bastelideen

- Natürlich dürfen Rentiere und auch der Weihnachtsmann nicht fehlen.
- Zum Beispiel die Köpfe von Rentieren / Schneemann / Weihnachtsmann gestalten und als Tannenbaumschmuck nutzen oder an Fenster hängen
- Tannenzapfen können ausgehöhlt und als Teelichthalter genutzt werden!
- Alte Dosen aus Aluminium können neu bemalt und als Kerzenhalter oder Windlicht benutzt werden.
- Ebenso können die Dosen bemalt und mit Löchern in Form von Sternen gestaltet werden.
- Glöckchen und Glocken basteln und mit

Mistelzweigen und Schleifen verzieren
- Natürlich kann auch der Baumschmuck komplett selbst gebastelt werden.
- Auch kleine Glöckchen können selbst gebastelt und an den Baum gehangen werden!
- Schleifen aus Dekorationsband für den Tannenbaum und für die Wohnung binden.

Fenstergestaltung
Besonders die Fenster bieten sehr viele Möglichkeiten, um kreativ zu sein!

- Nicht nur, dass wir Dekoration an die Fenster hängen können, seit einiger Zeit wird es immer beliebter die Fenster mittels Fensterkreide direkt zu bemalen und gestalten.
- Einen stabilen Ast horizontal an das Fenster hängen und mit Sternen, Kugeln und Lichterketten schmücken.
- Mit Schneespray die Fenster dekorieren. Hier können auch Schablonen genutzt werden, um richtige Motive zu erhalten!
- Verschiedene Motive wie Schneemänner, Sterne und Engel können mit Tesafilm an die Fenster geklebt werden
- Mit Window Color können Bilder nach Vorlage erstellt und an die Fenster geklebt werden.
- Kleine Sterne können wie ein kleiner Vorhang herunterhängen
- Silhouetten Dekoration kann aus Pappe gebastelt und auf die Fensterbank gestellt werden.
- Ein kleines Häuschen kann gebastelt, dekoriert und aufgestellt werden! Mit einer kleinen LED-Lampe in drin, sieht sie wundervoll aus!
- Aus Papier und Pappe kann ein Weihnachtsdorf

zusammengebastelt werden! Von den Häuschen, Bäumen bis hin zu den verschiedenen Farben.

- Selbstbemalte Christbaumkugeln lassen den Baum noch schöner aussehen! (Diese Kugeln können selbstverständlich aus Plastik sein!)

NACHWORT

Natürlich bedeutet die Adventszeit für Eltern auch Stress. Aber wenn wir uns die strahlenden Augen unserer Kinder anschauen, wenn sie die kleinen Fußspuren des Wichtels im Mehl finden, verfliegt der Stress und wir erkennen dadurch auch, dass sich all der Aufwand gelohnt hat.

Die Weihnachts- und auch Wichtelzeit ist reine Magie, Zauber und voll von kleinen Wundern. Sie erinnert jeden von uns daran, die Tage und auch die Familie mit immer wieder neuen Augen zu betrachten. Durch die Freude unserer Kinder dürfen wir selbst ein kleines bisschen wieder zum Kind werden.

Die Wichtel können uns dabei helfen mit der Familie gemeinsam mehr Zeit zu verbringen, diese entgegen dem sonst so hektischem Alltag auch zu genießen und vielleicht wieder etwas näher zusammen zu rücken.

Diese besondere Magie die wir im Kindesalter noch selbst spüren, die uns die Weihnachtszeit in unser Haus bringt, verliert leider im Laufe der Zeit seine Wirkung.

Daher sollten wir sie so lange wie möglich nutzen und genießen.

Ein Abschied kann schwer sein und Tränen mit bringen, aber wenn der Wichtel per Brief einen lieben Gruß hinterlässt und schreibt wie schön er es gefunden hat und im nächsten Jahr bestimmt wieder kommt, fällt der Abschiedsschmerz gewiss geringer aus.

Manchmal verlieben sich Eltern und Kinder aber so sehr in die Wichtel-Idee, dass der Wichtel einfach über Weihnachten hinaus bei ihnen wohnen bleibt.

Damit der Reiz und der Zauber um die Wichtelidee nicht abnimmt, ist der Wichtel jedoch nicht immer vor Ort.

Aufgrund seiner Reisen (um neue Ideen für die nächste Spielzeugproduktion zu sammeln oder um an Fortbildungen teilzunehmen und Wichtel-Freunde zu besuchen), ist er viel unterwegs und schaut immer mal wieder überraschend bei seiner Familie vorbei.

In diversen Facebook-Gruppen gibt es aus diesem Grund schon gegenseitige Absprachen Postkarten aus Urlaubsorten zu verschicken, an denen der "Wichtel" vorbei kommt.

Falls Ihnen mein Büchlein gefallen hat, würde ich mich freuen, wenn Sie mir z. B. auf meiner Amazon-Autorenseite folgen mögen.

In Kürze werden weitere Titel aus der Reihe "Die magische Wichteltür" folgen.

Vielen herzlichen Dank für Ihr Interesse

Ihre
Sandra Pirl

2. Auflage
Illustration: Mireille Schäublin

ISBN: 9781674182223
ASIN: B082LVGDNZ

Kontakt
Sandra Pirl
Rosaueler Weg 44
53797 Lohmar

artistery@web.de

Printed in Germany
by Amazon Distribution
GmbH, Leipzig

20530761R00031